항상 사랑해

114편의 지키지 못한 약속

항상 사랑해
114편의 지키지 못한 약속

글, 그림 **민재**
사진 **그녀**

새벽 1시 5분 사이

"우리"

_____

겨울 　　　　　　　　　　　　　　　　　　　　　　　　　여행 / 멈춤

10월
새로운 시 | 하늘연달 | LONDON | 첫인상 | PARIS | 이름 | SWISS | 문자

11월
Vaticano | 고백 | VENEZIA | WIEN | PRAGUE | 미틈달 | 처음
동성로 | 전주 | 너이기 때문에 | 숨겨둔 메세지 | 초승달 | 첫편지 | 경주

12월
매듭달 | 안녕 | 미소 | 다툼 | 불안 | 그립고 그리울 | 방콕
한 여름의 크리스마스 | 못먹는 음식 | 여행

봄 　　　　　　　　　　　　　　　　　　　　　　　　　다름 / 이별

1월
해오름달 | 부산 | 대구 | 다름 | 절망 | 항상 사랑해

2월
시샘달 | 백일 | 사진 | 너의 왼쪽에서 | 왼쪽

3월
물오름달 | 널 만날 수 있는 날 | 바다 | 이곳 | 같이 있다면 | 넷플릭스

여름   **변화** / 고통

4월
잎새달 | 벚꽃 | 돌아가야 하는 날

5월
푸른달 | 홍대 첫번째 이야기 | 한강 | 떡볶이 | 독립책방

6월
누리달 | 여름 | 거리 | 나의 생일 | 변화 | 자전거

가을   **장마** / 무덤

7월
견우직녀달 | 어려운 말 | 홍대 두번째 이야기

8월
타오름달 | 홍대 세번째 이야기 | 홍대 마지막 이야기 | 집 | 장보기

9월
열매달 | 너의 생일 | 꽈배기 | 악몽 | 가을

'혼자'

_____

또 한 번의 겨울   여행 / **멈춤**

꽃 | 1주년 | 서촌 | 멈춤

잿빛 봄   다름 / **이별**

앨범 | 이별 | 오해 | 무능 | 추억 | 말하는 대로

긴 여름   변화 / 고통

소리 | 전철 | 자격 | 고통 | 그곳 | 아프지 마 | 꿈 | 목소리

소란한 가을   장마 / **무덤**

장마 | 옷 | 향수 | 물음표 | 취향 | 기록 | 무덤 | 비포 선라이즈

'나'

살갗이 아린 추억   안녕

'나' | 마지막 약속 | 미녀와 야수 | 눈동자 | 양보 | 고마워 | 대화 | 눈물
SIENA | 희망 | 사랑 | 마지막 시

여는 말

 다른 세상을 잠깐 경험했던 순간, 나는 여행을 갈망하기 시작했다. 더 넓은 세상을 보고 싶었고, 내가 지금까지 바라본 세상에 대한 생각을 바꾸고 싶었기에 나는 더욱 여행을 가고 싶어 했는지 모른다. 내 예상과는 달리 내가 보고자 했던 세상의 크기는 너무나 커다랗고 내게 끊임없이 여행을 놓지 말고 계속해 나가라고 말하는 듯했다. 그렇게 나는 평범하게 흐르는 시간 속에 듬성듬성 여행을 다녔고 평범하게 흐르는 시간 속에서 도저히 찾을 수 없었던 나를 특별하게 흐르는 시간 속에서 조금씩 찾아내고 있었다. 하지만 그 특별함은 지속력이 좋지 않아, 나는 어느 정도 지속 가능한 특별함을 찾아 조금 긴 여행을 시작하려 하고 있었다.
생에 처음 내가 궁금해졌다. 그렇게 여행이 시작되었다.

겨울

여행 / 멈춤

10월

안녕

새로운 시

나는 말로 표현하는 게
어렵고 서툰 사람이라서

그녀에게 항상 글을 써서
사랑하는 마음을 전하곤 했다

처음엔 좋아해 주었지만
나중엔 아무렇지 않았던 걸까

아니었다 내가
멈추었다 어느
순간부터 나는
글을 써주지 않고 있었다

끝이 나고서야 미련히
다시 펜을 붙잡는다

'새로운 시'가
못다 한 마음을 전하기를 바라며

하늘연달

여행을 떠나기로 하였다
모든 걸 그만두고 말이다

낯설을 장소와
새로운 사람들

나를 반가워해줄까 걱정도
어떤 세상이 펼쳐질까 설렘도

용기를 내어서 혼자 해보려 한다
지금의 나와는 다른 나를 찾고 싶기에

나는 떠난다

LONDON

어릴 적 막연하게 좋아하던 나라
나의 첫 유럽은 그렇게 시작됐다

낮에는 문화와 예술을 온몸으로
느끼고 내리는 비조차 운치 있었다

밤이 되면 은은한 대도시의 야경으로
신구 건물들이 아름답게 조화를 이룬다

내가 생각하던 모습 그대로였다
아니, 생각보다 훨씬 더 좋았다

그런 매력적인 도시에서
나는 그녀를 처음 만났다

첫인상

말이 적었고 머리가 길었다
자기 색깔이 뚜렷해 보였고
하고자 하는 게 확실해 보였다

뭐든 혼자 잘 해낼 것 같은 아이였다
그런 그녀는 호기심을 불러일으키기에
내 눈엔 충분히 매력적으로 느껴졌다

무작정 알고 싶었다
그녀가 너무 궁금했다
용기 내어 다가갔다

그런 그녀 앞에서
나의 마음은
아무렇지 않았다

처음에는 말이다

PARIS

너를 조금 더 알아갈 수 있는 시간들
너를 조금 다르게 바라보게 된 순간

헤메이고 방향 잃은 나의 마음을
조금씩은 길을 찾고 너의 마음에

들어가려고 입구를 찾던 나는
어느 순간 그 안에 들어섰더라

안으로 들어갔지만 빛이 들지 않아서
안에서 길을 잃은 줄 알았던 순간에

내게 다가와 준 너의 손길은 나에게
너무 커다랗던 너의 희망의 목소리

내게 다가오라고 외치는 듯한 그 물음에
나는 망설였지만 너에게 답을 주고 싶어

그 물음의 해답은 고민 끝에 결국
이 결과에 도달해 지금은 감사해

에펠탑 앞에서 헷갈렸던 나의 마음은 잊어버리고
에펠탑 곁에서 너에게, 사랑에 빠져버린 나라서

이제는 네 곁에 항상 있을 사랑에 빠진 나란 답
이제는 나의 옆자리를 채워줄 너라는 사랑의 해답

이름

파리의 어느 카페에서
너의 이름을 처음 들었다

원래 이름도 귀여웠지만
바뀐 이름도 마냥 예뻤다

흔할 수도 있는 이름이지만
그녀에겐 잘 어울리는 이름이었다

그 이름이 나에게 특별해졌고
그 이름을 항상 불러 줄 때면
그녀는 이유 없이 좋아해 주었다

이제는 부를 수 없는 이름
어디서나 아름답게 빛날
그대의 이름이 그립습니다

문자

여섯 남자가 있는 방 안
나는 2층 침대 위에서

다들 피곤에 절어 잠든 마당에
실실거리며 폰을 바라보고 있다

이유는 그녀와 문자를 주고받고 있어서
웃음만 나왔다. 무슨 내용이든 상관없다

당장 하지 않아도 되는 이야기를
새벽마다 그녀에게 보낸다

나는 항상 그녀에게 내가 살아온 이야기를 건넨다
그게 뭐라고 그녀는 귀찮고 피곤함에도 늘 답장을 준다

그러다 그녀의 한마디에 사르르 녹아 버리고
심장이 빠르게 뛰어온다 "너 정말 재밌다"

그런 날이면 설레어 와서 다음날 일정을 망쳐도 좋으니
그 기분을 간직하고 싶어 밤을 새웠다
이 여행이 끝나도 간직하고 싶은 기분이다

SWISS

고산병에 숨이 가쁘면서도
대자연의 경이로움에 놀라고
그 아름다움에 또 한 번 놀란다

꼭대기에서 먹는 신라면은
아는 맛이지만 특별히 맛있고
스위스 초콜릿은 역시 맛있다

그녀와 어색하게 둘이 사진도 찍고
내가 힘들거나 그녀가 힘들었다

그런 피곤한 밤에

나도 모르게 내 이야기를 계속한다
그녀 앞에선 왜 그런지는 모르지만

말솜씨가 좋은 것도
특별한 이야기도
재밌는 이야기도 아닌데

평범한 한 사람의 이야기
별것 아닌 나의 이야기

밝게 웃어주는 그녀에게
나는 어느새 푹 빠져 버렸다

11월
"우리"

Vaticano Citta del - 묘한 확신이 든 순간

화이트 에펠 앞에서 한번
미켈란젤로 언덕에서 한번
계속해서 참아내고 있었다

성급한 마음이란 걸 알았고
정신을 바로잡지 않았다면
섣불리 말해버릴 뻔했다
그녀를 향한 내 마음을

급하게 예약을 하고 늦을 뻔해서 뛰기도 했지
그만큼 즐겁고 유익하고 놀라움 가득했던
바티칸 투어를 마치고 또 한식을 찾아 먹었지

시간이 남아 우리는 우연히
늦은 밤. 불이 꺼져가는 조금
어둡고 어딘지 모를 공원에서
비가 오려 하는지도 모르고

행복한 대화를 나누던 그때
하루를 정리하는 말속에 섞어
내 의지와 상관없이 말해 버렸다

당신을 좋아합니다

고백

분위기에 휩쓸려 하는 말이 아니야
수없이 생각해 보아도 나는 네가 좋아

알고 지낸 시간의 크기는 중요치 않아
너라는 사람을 얼마나 아는지가 난 더 중요해

시작해 보지도 않고 포기하는 건 후회를 남기니까
시작해 보고 맞지 않다면 그때 포기할게

이런 내 이야기에 갑작스럽다면
지금 당장 대답해 주지 않아도 돼

이 짧은 여행의 끝에 그때
다시 한번 너에게 물어볼게
그때 답을 주어도 나는 좋아

잠깐의 망설임 끝에
그녀는 날 받아 주었고
그렇게 우리가 되었다

VENEZIA

이 어찌나 아름답고 예술적인 도시인가
비록 나는 많은 곳을 다녀본 건 아니지만
내가 가 본 도시 중 아름답기로는 최고였다

그녀와 연인으로써 첫 데이트 장소가
이토록 아름다운 무려 베네치아라니

그녀와 나는 한껏 들뜬 채로
섬 이곳저곳을 누비고 다녔다
같이 수상 택시도 타보고
같이 사진도 엄청 많이 찍었다

그러던 중 어느 주민분께서
너희 정말 잘 어울린다는 말에
둘 다 쑥스러워 어쩔 줄 몰라 했지만
나는 마음속으로 기분이 너무 좋았다

야경까지 너무나 아름다운 그 도시에서
나는 빠르게 뛰는 심장을 모른 채 하고
그녀에게 처음 키스했다

WIEN - 우산

여행하는 동안 매일 비가 왔다
비가 와도 매일이 행복이었다

그동안 친구로 같이 쓰던 우산은
연인이 되어 같이 쓰게 되었고

여행이 끝나갈 때쯤의 오스트리아
어느 카페에서 우산을 놓고 나왔다

그녀는 나에게 찾으러 가지 않아도 되냐 물었지만
그때의 나는 괜찮다고 대답하였다. 왜 그랬을까

지금의 나는 그 우산을 찾아오지 않은 걸 후회한다
작은 것 하나라도 그녀와의 추억이 담긴 무언가가
지금의 나에게 너무나 소중한 물건이란 걸 알았으니

PRAGUE

유럽 3대 야경
가장 기대한 도시
완벽한 여행의 마무리

생각한 만큼 화려하지는 않지만
잔잔한 아름다움을 지닌 매력적인 도시

음식과 맥주가 너무나 맛있어서
둘이서 계속 맛집을 찾아다녔고
사고 싶은 건 왜 이리도 많은지
들떠 버려서 힘든지도 몰랐다

나는 갑자기 사지 못한 게 있다며
너를 두고 잠시 어딘가 다녀왔다

들킬까 꽁꽁 숨긴 채로
해가 완전히 지기 전
야경 명당을 찾아 나섰고

너는 이미 내 마음을 받아주었지만
취향도 모르면서 목걸이를 사들고서
다시 한번 너에게 진심 어린 고백을 한다

미틈달

내 생에 다시는 없을 것 같은
행복했던 여행이 끝이 나고
그녀와 같은 추억을 가진 채
반가운 한국으로 돌아왔다

아직도 계속 그녀와 함께 할 수 있다는 게
믿기지 않지만 각자의 집으로 돌아갈 때
알게 되었다. 항상 같이 있을 수 없단 걸

그래서 그녀와 새로운 여행을 시작했다
그렇게 그녀를 많이 사랑하기 시작했다

처음

한국에서의 첫 만남

빈에서 각자 골라준 옷을 입고
새로운 모습으로 서울을 향한다

드디어 그녀가 다가온다

그녀는 내가 원하던 단발이 되어 주었고
나는 그녀가 바라던 검정 염색을 했다

매일 보던 그녀인데
왜일까 이 긴장감은

너무나 아름다운 모습에
어색한 말만 하던 나는

심장이 터질 듯
그렇게 설레었고
그렇게 하루가 저물어
헤어질 시간이 되었다

그녀는 다시 긴 시간을
나 땜에 돌아가야 한다

나는
혼자 돌아가는 전철 안에서
혼자 이유 모를 눈물이 흐른다

계속된 물음의 끝에서야 알게 되었다
나에게 지켜야 할 사람이 생겼다는 것을

동성로

그녀가 즐겨 마시는 휘핑크림 카푸치노
그녀가 나를 위해 찾아 놓은 텐동 맛집
그녀가 찾아 놓은 이야기하기 좋은 카페

그곳에서 우리의 한 달 살기를 계획한다
그전에 내가 태어나 처음 대구에 온다고
혼자 설레는 마음으로 빼곡히 적어 놓은
맛집, 카페 리스트, 데려가고 싶은 곳들
그 메모에서 그녀의 사랑이 느껴진다

많이 먹어도 3끼 먹을 수 있을 텐데
5곳이나 찾아 놓았고
아무리 내가 카페를 좋아한다지만
4잔은 무리였다
나는 그런 그녀가 귀엽고 감사하다

우리가 좋아하는 고양이 카페
우리가 좋아하는 떡볶이
우리의 첫 커플 잠옷

나는 대구에서 그녀에게 사랑만 받고
절대 익숙해지지 않을 헤어짐의 시간이 왔다

돌아가는 기차 안, 또 혼자 눈물이 난다

전주

예전보다 한적해진 전주 한옥 마을
아직 조금은 어색한 우리 사이

조금은 늦은 시간에 도착해서
숙소를 먼저 찾아 나섰다

저녁을 먹기 위해 다시 한옥 마을로 향한다
그녀와 내가 전주에 와있다는 게 마냥 신기했다
이것저것 둘러보고 여유로이 분위기를 즐긴다

그러다 같이 예매한 영화를 보러 갔다
연인들 해보는 포토카드를 만들기 위해
열심히 셀카를 찍는다

목도리를 귀엽게 두른 그녀가 담긴 포토카드
사랑하는 사람과 처음 온 영화관
모든 게 낯설지만 설레고 신기했다

매일 보던 그녀인데
전주에서의 그녀 모습은
내 심장을 터질 듯 뛰게 하였다

너이기 때문에

너 때문에 새로운 모습을 해보고
너 때문에 나는 사랑을 받고
너 때문에 나는 사랑을 하고
너 때문에 나는 매일이 행복해

나 때문에 입지 않던 옷을 입기도
나 때문에 길었던 머리를 자르고
나 때문에 새벽에 서울을 오기도
나 때문에 고생하는 너의 모습에

나는 항상 어떻게 해야 할지 몰라서
나는 아직 서툴고 매번 어설프니까
나를 사랑해 주는 너를 기다리면서
나를 늘 믿어주는 네게 너무 고마워

네가 좋아서 더 잘하고 싶고
네가 이뻐서 더 설레고 있어
너를 어떻게 해야 할지 몰라도

그건 알아
너를 사랑할래

숨겨둔 메세지

시냇가에 버려진 통나무에 어느 날
불어오는 바람에 꽃가루가 날아와

그 통나무 위로 꽃가루가 살포시 앉는다
그 꽃가루 위로 시냇물이 이불을 덮는다

어느 날은 비바람이 몰아치기도 하고
어느 날은 싸라기눈이 내리기도 하고

갖은 날에 가까스로 서로를 붙들고 있으려니
서로 같이 붙어 서서 자기들 자리를 찾으렸다

시간이 흘러 쓸모없는 나무에 새싹이 자라며
세월이 흘러 헤메이던 꽃가루가 꽃을 피운다

따스한 날들도 선선한 날들도 이겨내어
함께할 날들도 좋아할 날들도 앞으로도

영원히 너를 향해 남김 없는 사랑을
영원히 변치 않는 마음들을 줄게요

초승달

내 상처를 지우려 한 짧은 여정이
내 아픔을 치유해 줄 사람을 만나

여전히 꿈인 것만 같은 여행이었고
지금은 꿈이 아닌 걸 알고 나서야

드디어 아물껏 같지 않던 흉 위로
조금씩 사라져 갈 깊은 상처들을

어두웠던 나를 비춰줄 초승달처럼
이제부터 내 곁에서 밝게 빛나주길

내 곁에서 항상 빛나주는 너를 위해서
나 역시도 항상 너의 곁에 머물고 싶어

작고 보잘것없는 미흡한 실력이지만
널 위해서라면 언제든 글을 써줄게

항상 좋아합니다
매일 사랑합니다

첫 편지

너는 원래 표현이 적고 느린 사람이라는 걸
이미 알고 있었기 때문에

나는 그런 거 전혀 불편하지도
나와 다른 너조차 나는 좋아

나랑 있을 때만큼은 주변 사람 의식 말고
나랑 있을 때만큼은 제일 편했으면 좋겠어

너에게 어떤 상처들이 있든
나에게 얼마든 기대도 좋아

너에게 사랑한다는 말을 들을 수 있도록
너에게 사랑한다는 말을 들을 자격을 갖출게

나에게 천천히 느리게 다가와 줘
언제나 같은 자리에서 기다릴게

지금처럼 너만을 바라보는 나를
믿고 내 곁으로 한 걸음 한 걸음씩

너의 아픔 따위 전부 내가 가져가
다시는 생각나지 않을 때까지
너의 곁에 매 순간 함께 있을게

그러니까 더 이상 너는 울지 않아도 돼
그러니까 이제 나만 바라봐 주면 돼

경주

아직은 익숙지 않아서 나는
오늘도 기차를 타기 위해 달린다

동대구역에서 그녀와 함께 경주로
혼자 타던 기차를 그녀와 둘이 탔다

아침 일찍부터 나와서
피곤했지는 새근새근 잠들었다

대구에서 경주는 금방이었다
도착하자마자 비가 왔지만
우리의 여행에 비는 이제 반갑다
익숙한 듯 근처에서 우산을 사서
숙소로 향했고 짐을 놓고서

역시 그녀가 짜놓은 여정을 시작한다
예쁜 카페, 황리단길, 경주의 야경
경상도 학생들의 소풍지
나에겐 수학여행지

잔잔하고 여유 있는 경주는
어딘가 그녀를 닮아 있었다

12월

당신과 온전히

매듭달

내 생에 다시는 없을 것 같은
행복했던 한 달의 여행이 끝나고

더 큰 행복은 없을 줄 알았는데
그 행복보다 감당하기 힘겨운
벅차기만 한 행복이 시작되었다

또 한 번 낯선 곳에 가게 되었지만
이번에는 나 혼자가 아니게 되었다

원래 그녀 혼자 떠날 계획이었던
태국에서 혼자가 아닌 둘만의 여행이
또다시 시작되려 하고 있었다

안녕

우리 다시 공항에서 만났네
우리 정말 둘이서만 가게 됐어

멀어서 힘들었던 우리
떨어지지 않아도 돼
너무 신나고 기대돼

유럽에서는 비행기 안에서
따로 앉을 수밖에 없었는데
이번엔 좌석 지정까지 했어
드디어 같이 앉을 수 있게 됐네

긴 시간 비행이 하나도 지루하지 않았어
어느새 방콕에 도착해 치앙마이로 향한다

우리 둘만의 행복한 추억을 실컷 만들어보자

미소

한 사람의 정말 행복한 미소를 보았다

내 앞에서 웃는 그녀를 바라보다 보니
가슴이 벅차오르고 나도 행복이 느껴졌다

내 곁에서 행복을 느낄 수 있는 사람이 있다니
이 얼마나 행복한 일이 일어날 수 있는 걸까

여행하기 딱 좋은 따스한 날씨
맑고 드높은 푸르른 여름 하늘

단둘이 쌓아갈 추억에
설레고 그녀가 좋아해서
나도 치앙마이가 좋아지기 시작했다

다툼

결국 우린 다투었다

환경이 달랐다
상황이 달랐다

예상은 보기 좋게 빗나갔다

전부 잘 맞을 줄 알았지만
그곳은 유럽이 아니었다

우리의 생각이 더 어렸더라면
상황은 더 악화됐을지 모른다

그래도 우리는 대화로 잘 풀어 나갔다
조금씩 맞춰 나가기 시작했을 때

처음보다 더욱 행복하고 배려하며
성숙해지는 여행이 되어 가고 있었다

화내고 짜증 내서 미안해
그래도 너에게 그러지 말았어야 했는데
남은 시간 우리 재밌게 사이좋게 지내자

불안

한창 즐겁게 여행을 하던 나날들
어느 날인지 정확하지는 않지만

숙소에서 쉬던 날인가
다투고 돌아온 날이던가

같이 침대에 누워 이야기하다
내가 갑자기 울기 시작하였다

그녀는 왜 우냐며 살며시 안아주었다
나는 울며 그녀에게 대답했다

"나 지금 이 행복이 너무 불안해"

처음 느낀 방대한 행복에
하염없이 눈물이 흘렀다

그녀의 따스한 품에 안겨
그녀의 말에 귀를 기울였다

"괜찮아, 걱정 마 항상 네 곁에 있을게"

그녀에게 처음 위로를 받았다
너무나 따스한 한마디. 그녀는
진심이었다. 늘 그랬다. 그렇게
조금씩 불안이 사라져갔다

그립고 그리울

처음 그녀와 꽤 긴 시간 함께 했던
우리의 첫 보금자리. 숙소를 떠나는 날이 됐다

처음 그녀와 꽤 짧은 시간 동안에
수많은 행복과 아픔을 함께했던 그런

소중하고 분명 그립고 그리울 장소이기에
정들었던, 감사했던 마음을 담아서
끝인사를 하자고 그녀에게 말했다

어색한지 떨리는 어투로 같이
"잘 있어 고마워" 인사를 건넸다

나중에 그녀가 말하길
그때 인사하자고 해줘서
고맙다고 나에게 그러는데

그 말이 어찌나 그립고 그리운지
그녀와 나는 그때의 기억에 스스르
잠긴다

방콕

치앙마이에서 느껴보지 못했던
태국의 또 다른 모습들을 가지고 있는
'방콕'

짜오프라야 강이 한눈에 내려다보이는
호화로운 호텔에서 여행을 마무리하려 한다

우리 둘만의 여행을 마무리하기에
화려한 이곳에서 끝까지 즐겁게

치앙마이와는 다르게 덥고 습해서
계획했던 것들을 다 할 수는 없었지만
나는 그녀와 함께했던 시간들이 좋았다

조금은 시끄럽고 조금은 색다른 느낌의 도시
태국이라는 나라를 제대로 느낄 수 있는 도시

Welcome to Bangkok City

한 여름의 크리스마스

너와 함께라면 항상 신기하고
처음 하는 경험들이 항상 가득하다

너와 나의 여행이 또 한 번 끝나갈 무렵
너와 처음 크리스마스를 맞이하게 됐다

살며 한 번도 특별한 적 없던
특별한 날인지도 몰랐던 날에 너와
방콕에서 맞이한 한 여름의 크리스마스

흘러가는 아까운 시간들을 특별하게 보내도
모자라서 너의 눈동자만을 지긋이 바라보다
아름다워 문득 또 너에게 깊이 빠져버렸다

황홀한 행복을 느꼈던 너와 나의
따뜻한 한 여름의 크리스마스였다

못먹는 음식

기름을 살짝 두르고 새우를 볶는다
약간 익을 때쯤 쌀국수 면을 투하

그곳만의 특제 소스를 넣고 더 볶는다

마지막으로 숙주와 부추는 필수
과하지 않은 작은 그릇에 담겨 나온다

식기 전에 라임을 짜서 즙을 뿌린다
땅콩은 늘 듬뿍, 고춧가루는 취향껏

세상에서 가장 맛있는 면 요리
팟타이가 완성됐다

혼자가 되어서는 한 번도 먹을 일도
찾아서 먹을 수도 없는 음식이 되었지만
나에겐 세상 가장 맛있는 음식이다

여행

힘들면 끝까지 올라가지 않아도 돼
멋진 풍경 내가 찍어 보여주면 되니까

힘들면 목적지까지 가지 않아도 돼
다른 가까운 곳으로 바꿔서 가면 되니까

힘들면 우리 돌아서 가자
힘들면 우리 쉬었다 가자

힘들면 당장 오지 않아도 돼
다음에 내가 가면 되니까

우리의 여행은 언제나
우리 마음 맞춤 여행이야

봄
다름 / 이별

1월

혼란

해오름달

모든 게 새로이 시작됐던 달
조금씩 적응해 나가면서 우린
조금씩 우리의 방법으로 함께
나아가고 있었다

어느 날은 평범하게 일상을 보내기도 하고
어느 날은 특별하게 같은 시간을 걸었다

많이 다투기도 하고 그만큼
많이 사랑하기도 하면서

서로의 소중한 꿈을 응원하고 있었다
그녀는 그녀가 원했던 길을 잘 해나가고
나는 원래 가지고 있던 나만의 방식으로.

하지만 그녀와 다르게 너무나
불안정하던 나는 또 새로운
환경과 혼란에 빠지게 된다

부산

한국으로 돌아오고 각자의 위치에서
새해를 맞이하며 서로를 축하한다

우리는 진짜 얼마 남지 않은 시간
끝까지 여행을 다니기로 했다
우리의 새해 첫 여행지는 부산

드디어 귀국 후 처음 그녀를 만난다
그런데 왜인지 그녀가 나를 어색해 한다

그녀는 오랜만이라 그렇다지만
우리는 사실 만나기 전에 다투었다
그래서라는 걸 나는 지레 짐작으로 알고 있었다

미안하다는 말을 서로 하기보단
어색해 하는 그녀를 위해 다른 때 보다
내가 더 밝게 말도 많이 했다

어느 정도 시간이 흐르고
그녀의 기분이 다행히 풀리며
우리 다운 여행이 드디어 시작되었다

대구

우리에게 주어진 마지막 자유
우리에게 역시 뜻깊은 대구에서

그동안의 여행을 마무리하기로 했다
이 여행을 끝으로 우리는 새로운 길을
각자가 가게 되는 걸로 정해져 있었다

특별한 날이지만 어떤 때 보다
평범한 게 최고라 생각해서

익숙한 장소
익숙한 음식
우리 다운 데이트를 했다

더 이상 우리에게 이런 시간이
다시는 오지 못할 걸 알고 있기에
우리 다운 것들로 가득 채웠다

그렇게 시월부터 지금까지
온전한 자유여행을 마치고

둘 다 꿈을 이루기 위해
서로를 있는 힘껏 응원하며

다가올 우리의 새로운 여행을
맞이할 준비를 해 나간다

다름

각자의 꿈을 위해 또 다른 위치에서
새로운 삶을 시작했고 서로 노력했다

하지만 우리에게 주어진
지금껏 경험하지 못한
21세기 최악의 전염병

꿈을 위해 새로운 환경에
적응해 나가기도 벅찬데

우리에게 답을 찾을 수 없는
대답 없는 질문이 놓여졌다

모든 게 순식간에 변해 있었고
우리는 우리의 의지와 상관없이
저딴 알 수도 없는 재앙 때문에

계속 다툴 수밖에 없었고
어느 순간 다름을 느끼기 시작했다

절망

늦은 밤. 일을 끝마치고
집에 가려 역으로 향한다

내 앞에 익숙한 누군가 서있다
하루 종일 싸웠던 그녀였다
절망적이었다

나 때문에 여기까지 오게 했다
그 와중에 정신이 나간 건지
반가웠다

그러면서 겉으로는 왜 왔냐
늦었는데 혼자 여기까지 오면
어떻게 하냐고 한다

같이 그녀가 있어야 하는 곳으로 돌아간다

도착해서 미안하다고 걱정했다고
서로를 안아주며 화해한다

절망이다
둘 다 풀리지 않은 것 같아서

항상 사랑해

내 모든 걸 저버리고 이제 잠깐 쉬어도 괜찮아
긴 고민을 하던 끝에 유럽여행을 결정하고 떠났지

그러다 너를 만나 저 친구는 왠지 나랑 동갑이겠다
생각에 너와 함께 불안한 마음을 조금은 덜었어

한 나라 한 도시 지날수록
너를 향한 마음은 친구 이상이 되어
어느 순간 네가 내 여자친구라면
좋겠다는 마음에

이 여행의 끝에 결과가 어떻든
고백을 해보기로 마음을 먹었어

하지만 알다시피 로마에서
참지 못하고 고백해버렸지

그렇게 우린 특별한 연인이
되었고 나는 그 누구보다
이 세상에서 특별했어

특별치 않은 연인은 없겠지
근데 우리는 첫 데이트가 베네치아라니
우리 같은 연인은 드물 거잖아

1/22

그런 비현실적인 행복이
치앙마이까지 이어져서
기적을 믿지 않던 내가
기적을 너로 인해 믿게 됐어

나를 조건 없이 사랑해 주는 너에게
나는 해 줄 수 있는 게 매일 한 번 특별할
'항상 사랑해' 뿐이야

2월
이어짐

시샘달

나는 다시 떠돌이가 되었지만
그녀가 자신의 위치에서 매일
잘 해내는 모습에 뿌듯했다

그런 그녀의 모습은 존경스러웠고 멋있었다
그런 그녀의 모습에 나도 힘을 내어 나아가려
했지만 나는 모든 게 혼란스러웠다

방향성을 잃고 헤매이는 나에게
그녀는 길을 알려주는 이정표였다

느려도 좋으니 원하는 일을 천천히
찾아보라고, 자기도 힘들고 바쁠 텐데
내 앞으로까지 신경 써주는 모습에
조금은 용기가 생기기 시작했다

백일

가진 게 하나도 없었다
무엇도 준비하지 못했다

나는 너무나 무능했다
사랑하는 그녀에게

내가 해 줄 수 있는 건
그저 그녀를 만나러
가는 것뿐

그래도 다행히 하나는
준비해 둘 수 있었다

태국에서 늘 우리와 함께했던
예린 님의 노래, 콘서트를 가게 됐다

내가 좋아하는 가수인데
어느새 그녀도 빠져있었다

같은 추억을 새긴 노래들을 직접 듣는다
다른 노래를 들으면 추억이 새록새록 하지만

왜인지 특정 곡을 들으면 나는 나도 모르게
그녀의 뒤에서 그녀 몰래 눈물을 훔친다

Love Love Love

나는 왜인지 이 노래를 들으면
그녀에게 미안해져서 눈물이 흐른다

사진

언제부터 너에게 빠지게 됐을까
언제부터 네가 친구가 아닌 여자로 느껴진 걸까
나는 아직도 언제부터 인지 정확히 알지 못한다
다만, 한 가지 확실한 게 있다면
내게 예고 없이 너는 나타났고

갑자기 나타난 네게 나는 반했다
우연이 운명이라 느껴진 순간부터
나는 너에게 빠져 버렸다

낭만의 도시 파리의 에펠 앞에서
네가 여자로 느껴지던 그 순간
불이 꺼진 새벽 화이트 에펠
그곳에서 너를 사랑하게 되었다

너의 왼쪽에서

너를 만나기 전부터 항상 비워놨던
나의 오른손이 너의 온기로 채워졌다

내가 오른손을 비워놓은 이유는 언젠가
소중한 사람을 보호하기 위함이었다

길을 걸을 때에도
실내에 있을 때도
언제 어디에서나
위험을 피해 항상 안쪽으로

그렇게

내게 익숙한 오른쪽이
네게 익숙지 않을 왼쪽을
지켜낼 수 있을 테니까

그러니

너는 내 오른쪽에만 있어줘

왼손

의미 없는 액세서리로 가득했던 나의
왼손에 의미 깊은 변화가 일어났다

나의 왼손은 언제나 네가 골라주고
함께 산 액세서리로 항상 가득하다

어느새 너를 만날 때 고를 만큼 많아졌고
어느덧 둘 다 매일 끼고 다닐 소중함이 생겼다

그 소중함으로
우린 어딜 가든, 떨어져 있든 함께였다
그렇게 우리의 왼손은 늘 이어져 있었다

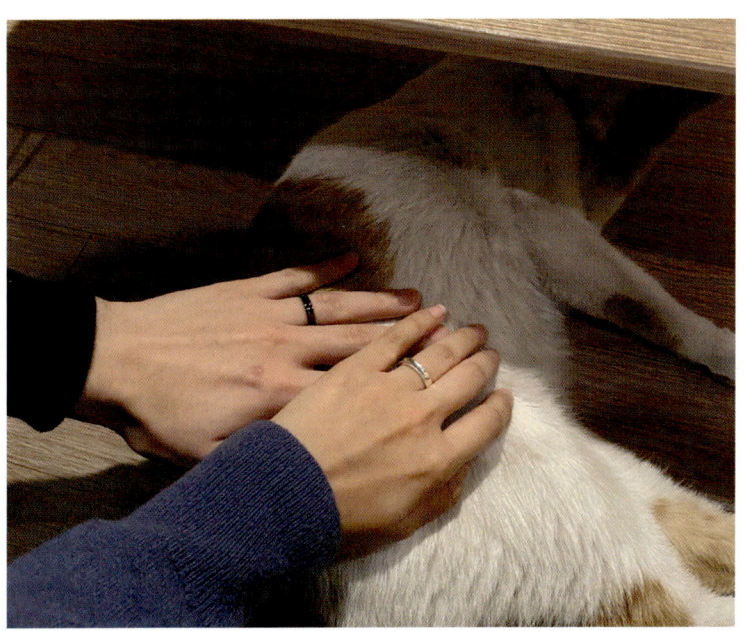

3월

만난다는 기쁨

물오름달

환경에 의한 멀어짐에 슬퍼도 해보고
우연에 의한 행운 덕에 같이 감사하고

새로 느끼는 감정들이 매 순간 많지만
특히 많은 감정들을 느끼고 배우게 된 달

우리에게 물오름달은 그런 매일 아침
맑고 깨끗한 이슬이 맺히는 달이었다

눈 뜨면 매일 그녀가 보고 싶어 외롭고
눈 뜨면 이제 그녀를 만날까 설레이고
눈 뜨면 어느 순간 그녀를 만나러 가고 있고

매일 아침 눈 뜨면 아름다운 그녀가
내 눈앞에, 내 곁에 따스히 있어주었다

널 만날 수 있는 날

한 달 만에 널 만날 수 있게 되었다

매일 통화로 즐거운 이야기도 나누고
때론 싸우기도 하고 화해도 했다

보고 싶은데 만날 수 없어서
현실이 서럽고 짜증도 났다

그러다 드디어 처음으로 뜻밖에
네가 자라온 곳을 가게 되었다

어깨에도 매고 양손 가득
멀지만 행복한 마음으로
네가 있을 곳을 향해갔다

네게 가는 버스 안에서
최종 결정을 듣고 나서
서럽게 울던 네가 떠오른다

네가 울 때마다 옆에 있어주지 못한
내가 원망스럽기만 하다

그러다 도착해서 너를 만나자마자
기뻤다.

주체할 수 없을 만큼,
표현이 불가능할 만큼.

바다

어릴 적 아버지는 매년 여름이면
가족들과 한 해도 빠짐없이
캠핑을 데려가 주시곤 했다

그래서 나는 산을 좋아한다
여름바다는 너무 덥고
습하기만 했고 별게 없다

바다는 내게 그런 의미였다
그런 바다가 좋아져 버렸다

그녀와 따스한 햇살을 받으며
걸었던 그 봄의 바다는 설렘이었다

파도는 늘 잔잔하고 때론 성이 나도
그녀와 바다 곁을 걷고 있노라면
그 무엇도 그 행복에 견줄 수 없었다

그녀가 바라보던 동해바다가
나도 어느새 좋아져 버렸다

이곳

집 앞에 바다가 있어 매일 볼 수 있고
맛있는 물회와 족발, 음식들이 있고
해변이 있어 산책도 하고 예쁜 카페도 간다

나는 처음이라 신기한 이곳의 야경이 보이기도 하고
낮에 보는 바다와 밤바다는 또 다른 매력이 있다

그녀와 한 공간에서 밥을 먹고
같이 장을 보러 가기도 하고
같이 늦잠도 자고
같이 눈을 뜬다

무엇보다 내가 이곳이 좋은 이유는
그녀가 이곳에서 나고 자라서이다

서로 완전히 다른 곳에서 자란 우리가
신기하게도 이제는 같은 곳을 바라본다

그래서 나는 그녀가 태어난 소중한 장소.
이곳이 좋다

같이 있다면

비정상적인 행복을 느끼고 지나오면서
나는 항상 정상적인 생활 속에서 느낄
불안함이 소중하기만 한 행복했던 시간을
해치고 앗아갈까 두려워 늘 마음 졸였던
날들을 같이 이겨내 줄 사람이 곁에 있다는 게
비록 지금은 결정된 일들이 없어 답답할지라도

소중한 사람이 있다는 거에 매번 감사해
그렇기에 추억만 남은 시간들을 뒤로하고
그 추억을 기억하며 같이 웃을 수 있나 봐
추억을 되새기며 너와 이 시기를 이겨내고 싶어
어느 순간이든, 어느 날이든, 어느 상황이 되어도
나는 항상 너와 함께하고 싶어 사랑해

넷플릭스

마블을 좋아하는 내가 유일하게 안 본
에이전트 오브 실드 드라마 시리즈

그녀는 나에게 넷플릭스의 존재와 함께
우리가 떨어져 있는 동안 유일할 낙을 내게
알려주었다

나는 그녀가 좋아하는 걸 도전해 봤지만
매번 시리즈가 길어 끝까지 보는 걸 포기했다
그래서 우리는 늘 같이 볼 수 있는 걸 찾았다

서로 멀리 떨어져 있을 때나
항상 같이 붙어있는 동안에
스페인 드라마에 빠져 매일을 같이 봤다

같이 인생 영화도 찾고 드라마도 찾던 존재
근데 그 시리즈의 신작이 나왔지만
나는 보지 못한다

궁금하고 보고 싶은 마음은 있지만 서도
왜인지 함께 가 아니라면 보기가 싫더라
더 이상 새드엔딩은 싫으니까

여름

변화 / 고통

4월
기약 없는

잎새달

떨어져도 더 싸우게 되는 우리라서
나와 같이 있던 곳에 혼자 남겨진

네 생각은 하나도 안 하고
난 또 이기적으로 행동한다

퇴근하면 같이 있던 좁은 공간에
퇴근하면 혼자 있을 그녀의 공허함은

내가 살며 느껴보지 못한 쓸쓸함이었겠지
나는 느껴본 적 없음에도 난 그래도 또 그래도.

매일 같이 걷던 해변을 혼자
걸을 그녀의 마음은 모른 채

나는 이기적인 내 감정만 바라본다
그때 그녀는 어땠을까 멍청한 내가
할 수 있는 지금도 이기적인 내 생각

벚꽃

늦은 점심을 먹고 해가 높게 뜨면
우리는 항상 산책을 나가곤 했다

집 앞에 있던 걸어서
오분 정도 거리의 해변

우리가 나갈 수 있는
최대한의 거리

우리는 잔잔한 파도
소리를 들으며 걸었다

그렇게 매일 가던 그곳에
어느덧 꽃이 핀다

그녀와 제대로 된 꽃 구경을
한 적은 없지만

조금은 쌀쌀하고 햇살이
포근했던 사월 어느 날

이곳의 푸르고 드넓은
바다 앞에 그녀와 함께

피어난 어여쁜 벚꽃들을
나는 잊지 못할 것이다

돌아가야 하는 날

올 줄 알았던 돌아가야 하는 날
짧은 시간 동안 그녀와 함께였다

지금 돌아가면 우리는 또 기약 없는
기다림 속의 서로를 그리워하겠지

그동안 그녀는 첫 출근을 멋지게 했다
나는 다시 바리스타로 돌아가게 되었고

언제 다시 만날 수 있는지 모른 채로
행복했던 기억을 추억하며
평소와 같은 하루를 보낸다

같이 나란히 앉아 게임도 하고
같이 나란히 앉아 드라마도 보고
같이 나란히 앉아 밥도 먹는다

이제는 익숙해져 버린 기약 없는
헤어짐. 우리답게 서로를 보낸다

5월
단 한 번

푸른달

단 한 번 만날 수 있다
당신을 만날 날만 나는 기다린다

당신을 기다리며 방황하는
시간들 속에서 나를 잃더라도
나는 상관없었다

당신을 기쁘게 해줄 수 있다면
나는 내가 어디에 있든 괜찮았다

그런 내가 이 푸르른 5월에
당신을 드디어 만나러 간다

처음 가는 낯선 곳에서 기다릴 당신을
처음 가는 나도 낯선 그곳에서
나를 기다리고 있을 당신을 만나러

나는 달려간다

홍대 첫번째 이야기

5월의 연휴가 기회를 주었다
3주 만에 그녀를 만나게 됐으니

평범한 듯 조금은 특별한
우리의 기념일 데이트

우리의 기념일은 가고 싶은 곳을 여행하는
우리에게 가장 우리 다운 특별함이었다

그녀가 하고 싶어 하는 거 사이사이에
우리가 서로에게 줄 선물을 사기도 한다

그녀를 만날 때면 나는 그녀의 사랑을 느낀다
그녀는 항상 나를 만나러 올 때면
나랑 가고 싶은 곳을 다 갈 수 없을 만큼 찾아온다

우리의 취향이 겹치는 아기자기한 소품점
우리가 자주 가는 편집숍에서의 커플티
우리의 입맛에 맞을 맛있는 식당들
우리가 좋아하는 감성의 카페들

나에게 없는 그녀가 가진 매력이다
그래서 나는 그녀에게 사랑을 느낀다

한강

그녀가 하고파 하던 데이트
드디어 한강에 가게 되었다

나에게 한강은 전철 타고 지나가는
그저 그런 정도의 곳이었는데
그녀는 한강에서의 피크닉을
가장 하고 싶어 했다

다른 연인들처럼 평범하게
따릉이를 신나게 타고나서
텐트를 빌려 자리를 잡는다

그런데 빌린 텐트가 너무 지저분해서
화가 난 나는 단지 바꾸려고 했던 행동이

그녀에게 안 좋게 보였나 보다
아직도 나는 그런 내 행동들을 후회한다

다른 연인들처럼 평범하게
치킨에 맥주, 한강 라면이
먹고 싶었을 뿐이었을 텐데

나는 또 우리의 시간에
상처를 입혔다

떡볶이

어묵을 좋아하는 나는
떡을 먹는다

떡을 싫어하는 너는
어묵을 먹는다

싫어하는 떡을 먹으면서
나는 행복했다

좋아하는 어묵을 먹으며
너는 행복해했다

너는 나보고 어묵도 먹으라지만
나는 내가 좋아하는 어묵을

행복하게 먹는 너를 바라보는 게
내가 어묵을 먹는 것보다 좋았다

그런 내 마음을 아는 너는
항상 어묵을 먹다 밀어낸다

우리는 그래서 항상 어묵이 남는다
그래서 우리는 떡볶이를 사랑한다

독립책방

어릴 때부터 책을 좋아했다
하지만 시간이 지나면서

점점 책을 멀리하게 됐는데
그녀가 책을 좋아하고 읽기에

홍대 나들이 때
독립 서적의 존재를 알게 되었다

'나의 치앙마이'라는 책이
우리 눈에 확 띄었다
다른 사람의 치앙마이 한 달 살기 이야기라니
우리에게 끌리지 않을 이유가 없는 책이었다

같이 그 책을 사서 읽는 순간에
우리는 그 잠깐에 치앙마이였다

그렇게 누군가의 특별한 이야기가
어쩌면 책으론 평범할지 몰라도
독립 서적이라면 모든 게 가능했다

그때부터였다

우리의 이야기를 담은 책을 만들고 싶어졌다

6월
고마워

누리달

드디어 기다림이 끝이 나려 한다
그녀가 수도권으로 오게 되었다

기뻐하는 그녀의 모습에
나 역시 한없이 기뻤다

좋은 일이 생기면
그에 응답이라도 하듯
안 좋은 일도 생긴다

원래 있던 병에 의해
내가 조금 아팠다

나에게 여러 가지로
고민의 한 달이었을까

새로운 공부를 시작했어야 했고
쓰던 약을 바꿔야 할 수도 있었고
우리의 관계가 끝이 날 수도 있었다

나는 역시 1년 중 6월이 가장 싫다

여름

그녀가 수도권으로 오기 전
나는 이곳으로 향한다

지난 4월까지 같이 지낸 곳 근처. 나는
일찍 도착해서 그녀가 퇴근하길 기다린다

동네 맛집도 가보고 매번 가던 스타벅스도
같이 걷던 해변을 또다시 같이 걸어 보고

장 보러 가던 마트도 보이고
테라스에서 밤바다를 보던
카페도 보인다

새로운 예쁜 카페를 찾는 것도
새로운 동네 빵집을 가는 것도
그녀와 함께여서 다 좋지만

나는 그녀가 어릴 적부터 걷던
나와 늘 통화하던 어디서나 볼 법한

그 흔한 산책로와
그녀가 사는 동네 골목 식당
집 앞에 있는 작은 카페가

나에겐 소중하고 가 볼 수 있어 기뻤다

거리

너를 처음 봤을 때
아직 우리의 거리는 100미터

어느 순간 거리를 좁힐 기회가 왔을 때
나는 기회를 놓치지 않으려 애썼지

너랑 어느 정도 가까워졌다 느낄 때
그때 우리의 거리는 50미터

기회를 잡아 다가갔을 때
다행히 너도 다가와 주었지

너랑 가까워졌을 때
이제 우리의 거리는 10미터

나를 받아 주었던 그날 밤
나는 아직도 선명히 기억나

행복했던 순간의 거리를 뒤로하고
지금 우리의 거리는 다시 멀어져

내가 밀어내고서도 모르는 나는
너의 옆에 설 자격조차 없는

이 순간에도 너의 앞에 있고 싶어
거리를 좁히려 할수록 멀어졌고

결국엔 다시 멀어져 너에게 난
다시 가까워지고 싶지 않을 수도

한심한 나는 오늘도 이렇게
글 따위로 마음을 전해본다

멀리 있는 너에게 가까워지고 싶어
그때처럼 다시 용기 내어 다가가려 한다

처음 설레었던 그날을 떠올리며
너를 바라보던 그 감정을 기억하며
다시 나를 받아 주길 바라며

나의 생일

그 누구의 축하도 없고 특별하지 않은 어느 날
그 사람의 마음이 담긴 무엇도 존재하지 않는

그런 평범한 하루에 나에게 허락된 것은
그저 더는 고통스럽지 않게 시간을 보내는 일

그 사람을 만나기 이전의 나로 돌아가야
매년 이날이 왔을 때 아프지 않을 테니까

그래도 살며 한 번은 사랑하는 사람의
진심이 담긴 축하를 받아 보았다는 게

다시 나로 돌아가 누구도 축하해 주지 않을
내 생일이 또 왔을 때 외롭지 않을 테니까

나에게 태어나줘서 고맙다고
해준 사람이 있었으니까

그러니까
나는 그걸로 되었다

변화

또다시 변화가 시작되었다
정말 지치지도 않고 매달

찾아오는 변화가 이제 지겹다가도
단념하고 바라보니 의외로 반갑다

나는 그녀의 희생과 사랑으로
다시 공부할 용기를 얻었고

그녀는 자신의 꿈에 두 걸음째
다가가고 있었다

그런 변화 속에서 역시
우린 여전히 불안정했고
처음 그녀가 진심으로
이별을 고했다

그제사 나는 우리 관계가
매일 같지 않을 거란 걸
미련히 처음 알았다

이제와 그때 그렇게 해준
그녀에게 감사하다

그렇게 해준 덕분에
너와의 추억을 조금은 더 만들 수 있었으니

자전거

잘 타지 못하는 모습에 늘 조마조마
마음을 졸이며 그녀를 바라보다 보면

서투른 모습이 마냥 귀엽기만 하다
신이 나서 혼자 쌩쌩 달려나가면

나는 항상 그녀 뒤에서
넘어지지는 않을까
덤벙대지는 않을까
유심히 주의 깊게 주시한다

하지만 내 한순간의 방심이
그녀를 결국 넘어지게 했다

울퉁불퉁한 곳을 예상 못 한
내 잘못으로 다쳐버린
그녀가 괜찮다고는 하지만
내 마음은 찢어진다

순간 넘어진 그녀를 보고
내 자전거를 던져놓고
차가 지나가는데도
나는 그녀 밖에 보이지 않았다

가을

장마 / 무덤

7월
네 곁에

견우직녀달

하루가 길다
힘들 그녀를 붙들고 떼쓴다
보고 싶다고 투정 부린다

그녀가 힘들 거란 걸
제발.
내가 머리로 생각하고 이해해 줬으면 좋겠다
하지만 내가 그럴 수 있다면

우리를 위해서
이러지 않았겠지

한심하게 아무것도 안 하고
그녀만을 기다리기만 하는
나는 사람의 형상을 한 개에 불과했다

헤아리지 못했고
배려하지 못했다

그러면서
참 낯짝도 두껍지
또 그녀를 만나러 간다

어려운 말

사랑한다는 말을 처음 해보았다
처음이라 어색하고 어려웠지만
너에게 만은 매일 해주고 싶었다
사랑해라는 말은 생각보다
너라서 어렵지 않았다

사랑한다는 말보다 어려운 말은
내 곁에 있어줘서 고마워
고마워란 말도 어렵지만
무엇보다 하기 어려웠던 말은
사랑해서 미안해...

미안해라는 말이었다

홍대 두번째 이야기

오랜만에 그녀와 홍대를 간다
역시 그녀는 항상 계획이 있다

나는 그녀가 가자는 곳은
항상 좋다

미국식 햄버거든
베트남 음식점이든
유명한 카페든

그중 홍대에서 내가
가장 좋아하는 곳은

오브젝트
한참을 머무르다

돌아갈 때 뿌듯하게
돌아가는 곳

나는 그녀와 같이 좋아하는 걸
보고, 사고, 찾아다니는
행복을 항상 느끼다가도

헤어지고 혼자 돌아갈 때면
늘 어딘지 모르게 공허하다

8월

지켜줄게

타오름달

코로나에 또 한 번 지친다
다니던 학원이 휴강을 하고

조급한 나는 또다시 불안하다
여전히 나는 불안정하고 그런
감정을 그녀에게서 감추지 못한다

한 달 내내 비가 많이 왔고
한 달 내내 힘들기만 했다

계속 바뀌는 환경은
항상 우리를 지치게 하고

우리는 계속해서 멀어지는 듯하다
드디어 원하던 대로 가까워졌는데

물리적 거리만 가까워졌지
마음의 거리는 계속 멀어져 갔다
가까워진 물리적 거리만큼
마음의 거리를 경계했어야 했다

홍대 세번째 이야기

혼자 생각하고
혼자 결정하고

그래놓고 그녀를 놓을
용기는 또 없으면서

쓸데없이 고집은 세서
자존심을 내세운 채로
그녀를 나무란다

그때 감정으로 생각해 보고
글을 쓰는 시점에서 생각해 봐도
화만 내던 내가 스스로도 역겹다

그래도 하나 확실한 건
그녀를 상처 입히기 싫은
마음이 어느 순간을 기점으로

속으론 그녀를 놓아주리라
생각하고 있었다. 근데
그러지 못하였다
그래서 바라컨데

제발 싸움을 멈추기 바랐다 제발...

홍대 마지막 이야기

그녀는 예전부터 광화문을 가고 싶어 했다
또 한 번 나의 무지함에 의해 일이 벌어졌다

내가 한 번이라도 뉴스를 봤더라면
일어나지 않았을 일일 텐데

나는 그날 광화문역에서 어떻게든
그녀를 안심시키고 보호해야 한다는
마음밖에 들지 않았다

나도 처음 겪는 상황에
몹시 긴장하고 두려웠다

평소 상황 판단이 빠른
나조차 판단이 흐려졌다

일단 빠져나와 급하게
홍대로 향했다

역시 그녀는 두려워하고 있었다
먼저 진정하고 그녀를 달랜다
그렇게 우리는 또다시 홍대에 와있었다

원래 계획이 사라진 즉흥적인 홍대행
이게 우리의 홍대 마지막 이야기이다

집

그녀가 여러 이유로
집을 구하게 되었다

거리가 가까워 짐들을
둘이서 열심히 옮긴다

힘이 약한 나는
나름의 요령으로

그녀가 힘들지 않았으면
좋겠어서 더 열심히 했다

여행을 좋아하던 우리에게
세 번째 보금자리가 생겼다

더 많이 다투기도 하고
더 많이 사랑하기도 했던

이제는 갈 수 없는
곳이지만 그녀가 있던
그곳은 그 어느 곳보다
따뜻하기만 했던

나의 집이었다

장보기

어김없이 아침이 밝아오면
난 제일 먼저 커튼을 걷는다

그리고 나서 냉장고를 열어본다
해먹을 게 있나 없나 들여다보고

마땅히 있다면 요리를 하기도 하고
마땅히 없다면 배달 주문을 한다

그리고 있는 날 없는 날 상관없이
필요한 것들을 생각하고 기억해둔다

그녀와 나의 시간이 맞으면
그녀는 항상 신나는 얼굴로

나와 같이 장을 보러 가준다
그게 나의 평범한 행복이었다

9월

미안해

열매달

죗값을 치르지 않고
죄를 지울 수 있다면

설령 그런 방법이 존재한데도
나는 용서받지도 못할 죄를 지었건만

또다시 말도 안 되는
감정을 느낀다면 그 또한 죄악일까
여전히 모든 것에서 그녀를 느낀다

구월.

낮에는 아직 덥지만 밤이 되면 선선한
가을의 공기, 온도, 습도
오감을 느껴지는 그녀의 계절
그녀의 온기, 숨결, 떨림, 향기
어찌 잊으리, 그 감정들을.

나에게 이제 매해, 이달은
그녀가 느껴지는 보름달이겠지

너의 생일

내가 필요하지 않은 너의 생일 되었다
잊기 위해 그림도 그려 보고 거리를 거닌다

내가 함께 할 수 있었던 너의 생일은
내 생에 단 한 번만 허락되었다

그리 특별하게 해주었던 것도
딱히 특별히 무언가 하지도 않은
매우 특별했던 너의 생일날

그 시간을 지나와 어느덧 혼자 맞이한
그 특별할 시간이 내게는 이제 버겁다

빨리 흐르지 않을 거란 걸 알면서도
빨리 흐르길, 지나가길 바라는

보잘것없는 나의 마음조차
더 이상 특별함 없는 마음이다
그래서 속으로만 되뇐다

생일 축하해요

꽈배기

여느 때와 다름없이
평범한 주말 아침

그녀가 갑자기 먼저 일어나 내게
급하게 어딘가 가야 된다고 한다

가봐야 한다는 걸
알지만 서운했다

결국 혼자 남아 집을 정리하고
나는 말도 없이 본가로 돌아왔다

그녀가 돌아왔을 때 나는 없었고
또다시 우리는 다투게 되어 버렸다

그러다 그녀의 다정한 한 마디에
수많은 감정들이 밀려와 눈물이 났다

"너랑 같이 먹으려고 꽈배기 사러 갔었는데"
가슴이 찢어질 듯 아프고, 난 생각이 복잡해졌다

악몽

불이 꺼진 집 안에서
조금 작은 침대 위에

그녀와 나란히 누워
포근한 잠에 들 때면

나는 다가오는 새벽이 항상 두렵다

꿈에 항상 누군가 나와서는
내게 소리를 지른다 "저리 가!"

무섭고 괴로운 그 외침에
매 순간 그녀의 등 뒤에서

순간의 두려움에 눈을 뜨면
그녀는 바로 알아차렸단 듯이
잘 뜨지 못한 눈을 멈칫 비비며
내게 또 악몽을 꿨냐고 나긋이 묻는다

그럼 나는 매번 아니라고 둘러댄다
걱정할 그녀를 위해 거짓을 고한다

나는 언제부턴가 번뜩 알고 있었다
꿈에 나온 누군가가 그녀라는 것을

네게 끝도 없이 상처받은 그녀가
자신의 옆에서 뻔뻔하게 자고 있는
나를 향해 한껏 경멸하는 표정으로
"제발 내 앞에서 사라져"라고 한다

고개를 조금만 돌려도 세상 편한 표정으로
나를 사랑에 안은 채 다시 잠든 그녀에게
나는 악몽이었다

가을

붉게 노랗게 물드는 계절
자연이 주는 빛깔의 편안함
천천히 걸으며 이야기할 수 있는
그런 느리고 차분한 계절

가을이 사람의 형상을 한다면
그녀가 아닐까

그녀를 본 첨 그날부터
나에게 그녀는 항상 가을이었다

명도는 높지 않고
채도는 적당하다
그녀는 코랄 빛의 베이지색이었다

그 흔한 트렌치코트는 그녀가 입기 위해
만들어졌다고 생각이 들 만큼

그녀는 늘 가을이었다

또 한 번의 겨울

여행 / 멈춤

꽃

세상에 꽃을 좋아하지 않는 사람이 있을까
꽃을 보고 예쁘고 아름답다 느끼지 못한다면
그 사람의 감정은 얼마나 슬프단 말인가

그런데 내 곁에 있는 그 사람이
그랬다 꽃을 받고도 돌아오는 건
시큰둥한 고마워라는 대답뿐

말과는 다르게 표정은 기쁘지
않았고 나는 오기가 생겨서
특별한 날이 아니더라도
꽃을 들고 그녀를 찾아갔다

가끔 준 꽃을 그다음 주
그다음 주가 지날 때마다
어떤 상태인지 보았다

그녀는 내가 준 상태 그대로
빛도 없는 방 한구석에서
꽃들은 시들어 가고 있었다

무언가를 바라고 꽃을 준 적은 없다
나는 꽃집을 지날 때면 늘 그녀가 생각났고
매일은 아니더라도 항상 꽃을 주고 싶었다

나는 여전히 꽃을 보면 그녀가 생각난다
그녀는 정말 내가 준 꽃들이 싫었던 걸까
마음을 알지도 못한 채 나는 서운하기만 하다

나는 그저 아름다운 꽃들을 보고 기뻐해 주는
그녀가 보고 싶었을 뿐이었는데 그렇게 꽃들은
말라갔다

1주년

흔하지만 우리는 해보지 않았으니까
나는 그런 흔한 이벤트를 해주고 싶었다

말없이 찾아가는 걸 싫어하는 너라서
걱정이 먼저 앞서지만 어쩔 수 없다

그녀가 퇴근하기 전, 미리 준비해둔
파티 용품을 들고 집을 화려하게 꾸몄다

꽃다발도 사고 그녀를 닮은 인형
그녀가 좋아할 만한 건 다 샀다

나는 다른 남자들과 달리 능력이 없어서
비싼 액세서리나 명품 백 같은 걸 사주지 못하니까

저런 작은 것들 밖에 줄 수 없는
내가 싫지만 그녀는 좋아해 주었다

많은 감정들이 뒤섞이고
떠올랐는지
그녀가 울기 시작했다

나는 그녀를 살포시 안는다
그녀와 나의 마음이 같기에
그녀의 마음을 나도 알기에

서촌

그녀를 만나고 다시금
함께 가을을 만끽했다

그녀는 나에게 유행이다
마제소바, 스쿠퍼, 노티드, 전시회

항상 서울이 가고픈 귀여운 그녀는
가지 못하더라도 유행을 기억해 놓았다
늦더라도, 기회가 생겨 갔을 때 전부 가본다

그중 ofr seoul
그녀의 이름을 처음 듣고
그녀가 내 목소리를 좋아했던, ofr paris
그곳은 처음 가지만 우리에게 특별했다

비록 그때와 다르게 여전히
우린 함께 할 때 가끔 소원하지만
파리에서와 같은 감정을 느낀다

멈춤

마지막 일 줄도 모르고

3개월 만의 서울 나들이
목적은 그녀가 가고 싶어 하던
전시회였다

사진을 찍어 달라는 그녀
항상 그녀를 사진으로 많이 담아 왔지만
나는 그녀의 전신을 찍어 본 적이 없었다

오늘은 평소와 다르게 사진 찍는 법을
나에게 가르쳐 준다

그녀는 마음에 들지 않는지 다시 찍어 달라고 하지만
나는 나름 열심히 찍었다

우리는 지나온 긴 시간 동안
왜 이런 계기가 없었던 걸까

서로 한참 싫증이 난 상태로
무언가를 요구하고 받아 들여야 했다

그 요구와 수용은
둘 다 한계에 달했고

내 의견을 수용해 주지 않는
그녀에게 또 이전과 같은
방식으로 그녀를 대한다

둘 다 맞춰주고자 하는 마음을
멈췄다

마지막 데이트 일 줄 모른 채

잿빛 봄
다름 / 이별

앨범

앨범을 찢어발겼다

100일에 100장
200일에 100장
300일에 100장

그 긴 시간 동안
나는 멍청하게도
몰랐다

그녀가 앨범을 싫어하는 걸
아직도 그녀가 말한 싫은 이유가
생각이 나질 않는다

그녀가 싫어할 때는 분명한
이유가 늘 있었기에
내가 기억 못 하는 게 맞는데

왜 도무지 생각이 나질 않는 걸까
내가 앨범을 마지막 기억하는 건

전부 찢어지고 구겨진
우리 사진들뿐이다

우리에게 함께한 추억은
마지막까지 아킬레스건이다

이별

나를 더 이상 사랑하지 않는다는 그 말에
나의 대답은 단 한 번도 쉽게 알겠어라고
답해 준 적이 없다

그녀가 진심으로 하는 말이 아니기만을 바랐다
그녀가 하는 말이 진심이란 걸 이미 알고 있었다
답을 줄 수 없었다

나는 아직도 염치없이 그녀를 사랑하고 있고
나는 놓아야 할 것을 알면서도 끊어질 줄을
잡고 놓지 못한다

결국 우리는 아무렇지 않게 헤어지지 못했고
결국 우리는 사랑의 어두운 결말의 끝을 보고
나서야 끝이 났다

오해

어느 순간부터 쌓이기 시작했을까
이제 더는 버티지 못할 만큼 커졌다

그렇게 서로의 오해는 시작됐다
그래도 서로 다 알고 있었다
모든 게 오해였다는 것을 말이다

사랑하지 않는 것도 아니었고
상처만을 주고 싶은 것도 아니었고
밀어내고 싶은 것도 아니었다

알면서도 헤어졌다는 건
서로에게 지쳐있었던 걸까

그렇기에 놓아준 거겠지
그래서 넌 놓을 수 있던 거겠지
나도 널 놓아야 맞는 거겠지

무능

무능한 내가 싫었다
죽도록 내가 미웠다

사주고 싶은 거
먹이고 싶은 거
해주고 싶은 거

무엇 하나 해주지 못했다

항상 괜찮다던 그녀에게
항상 기다려주던 그녀에게

아무것도 해 줄 수 있는 게 없었다

꿈을 이루겠단 핑계로
매번 아프게만 했었던

그랬던 나는 모든 걸 잃고 나서야 깨달았다
그녀가 원했던 건 그저 다정했던 나라는 걸

무엇 하나 못해준 거 없다던 그녀에게
어떤 말도 의미가 없게 되어 버렸다

추억

"너는 추억이랑 사귀는 거야"
맞다. 그럴지도 모른다
허나, 아닐지도 모른다

나는 쉽게 결정을 내리는 편이지만
때론 신중해야 할 때를 알기도 한다

그녀에게 사랑한다는 표현을 할 때면
거짓된 마음 하나 없이 표현하고
기분이 상하면 어김없이 솔직하다

그녀에게 거짓을 말하지 않기 위해
나는 한계 없이 솔직해야만 했다
그 솔직함이 나를 조여와도 말이다

나는 추억이랑 사귄 적이 있겠지만
그 기간은,
그녀와 함께하는 시간의 극히 일부였다

신중하게 너와 만들어 간 솔직한 추억.

내가 사귄 추억에 늘 네가 함께였으니
나는 너와 사귄 거였다
너를 사랑한 거였다

말하는 대로

무심코 우리가 여행하면서 했던 이야기가
현실로 이루어진 수많은 것들이 생각이 나

혼자 치앙마이 한 달 살기를 하고 싶다던
네가 나와 같이 한 달 살기를 하게 되었고

한국으로 돌아가 이곳에 놀러 오면
물회를 사준다는 말도 현실이 되었고

마감 시간이 다 되어가는
프라하 스타벅스에 마주 보고 앉아

RSVP부터 가자고 했던 거
서로 골라준 옷 입고
머리 스타일도 바꾸고
서울에서 만나자 했던 것도

국내여행도 많이 놀러 다니자고 했던 것도
그 이후에도 너랑 하고자 했던 많은 것들이
이루어졌는데도 아직도 너랑 못 했던 것들만
생각이 나고 너에게 못해준 것만 기억하게 돼

결국 그렇게 마지막에 우리는 둘 다
헤어지자는 말만 입에 달고 살다가

우리의 시작도
우리의 마지막도
말하는 대로 되었어...

긴 여름

변화 / 고통

소리

소리를 내는 방법을 잊었다
말을 하는 방법을 모르겠다

사람을 마주하는 게 두렵다
사람이 지나가는 게 무섭다

나의 말은 매번 누군가에게 상처이니까
내 가치관을 바탕으로 생각을 하고
말을 내뱉는 게 무섭고 두려워졌다
행여 나까지 잃지 않을까 조심한다

남은 건 아무것도 없으니 나까지
잃는 건 일어나선 안될 일이었다

하지만

그런 일이 결국 일어났다
자유 의지를 가지고 말하는 게
불가능해졌다

전철

네게 갈 때면 시간을 맞춰타던
전철이 나는 언제나 감사했다

하지만 편하고 가까운 만큼
거리를 두었어야 했는데

한 시간씩 타고 가는 시간이
한없이 길게만 느껴졌던
설레던 전철역이
때로는 원망스럽고 두려웠다

무작정 원치 않아도
서로를 볼 수 있었고
우리를 이어 주었지만

네가 없어도 나는 역 앞을 가야 한다
맨정신에 내가 가야 하는 방향으로는
타기가 힘들어 약을 먹고 길을 나선다

그래도 나는 순간의 찰나에
해서는 안 될 생각을 해본다

네가 있는 방향으로 가고 싶다
너는 잘 지내고 있을까

그 끝에 결국 나의 전철 방향은
네가 있을 곳과는 이제 반대였다

자격

니 성격 받아 주는 사람 만나
나보다 더 좋은 사람 만나
살면서 너 만난 게 제일 후회돼
그때 받아준 게 내 인생 최악의 선택이야
난 이제 더 이상 너 사랑 안 해
내 앞에 다시는 나타나지 마
내 인생에서 제발 사라져
너랑 했던 모든 걸 후회해

헤어질 연인이 할 수 있는 모든 말.

도대체 얼마나 더 모진 말들을
우리는 나누어야 하는 걸까
왜 나는 아무리 봐도 사랑하면서
서로를 밀어내는 걸로 밖에 안 보일까
정신 나간 내 눈에만 미련히 보이는 거겠지
정말 나와 헤어지고 싶은 거라면
이유를 왜 저리 늘어놓는단 말인가

그랬다.

나는 저런 말들을 들을 이유도,
지금 내가 느끼는 끝 모를 고통들도,
받을 자격이 충분한 사람이었다

고통

기억을 지우고 싶어
머리를 벽에 처박고
아무리 힘껏 처봐도

기억은 사라지지 않는다

숨 쉬면 아파 올 만큼
가슴을 계속 내려쳐도

가슴속 아린 통증은 없어지지 않는다

머리에서 행복을 지우고 싶고
가슴에서 너를 도려내고 싶다

둘 다 안된다면
둘 중 하나라도
가능 킬 바랐는데
어느 것 하나 안돼
그러지 못하였다

네게 상처만 준 나에게
무엇 하나 허락되지 않았다

그곳

살며 평생 한 번도 가지 않았을 곳을
그녀를 만나고 전부 가보는 것 같다

나는 그게 싫지 않다
나는 항상 새로운 장소를
좋아한다

그런 장소들 중 의외로 자주 가게 되던 곳
케이크와 그녀의 작은 이벤트가 있던 내 생일에도
계절이 바뀔 때 옷을 사러 갈 때에도
이것저것 필요한 걸 살 때에도
맛있는 걸 먹으러 갈 때에도
날이 좋은 날 산책을 할 때도

우리가 좋아하는 것들이 가득했고
우리에게 필요한 게 다 있었기에
우리는 늘 그곳을 찾아갔다

내게 평범한 그곳이 가장 소중한 곳이 되었다
너도 그곳을 기억할까
우리가 매번 헤어지던 그곳을

아프지 마

내가 아플 때에 면
너는 언제나 내 곁에서

걱정해주고
안아주었고
지켜주었지

너는 항상 그랬어
너는 항상 다정했어

네가 아플 때에 면
나는 무엇도 해줄 수 없었어

어쩔줄 몰라
바라만 봤고
당황만 했어

나는 그럴 때 걱정이 되고
내가 대신 아프고 싶었어

나는 다시 아파도 괜찮지만
너는 이제 아프지 않았음 해

나는 혼자 아픈 게 익숙하지만
너는 혼자 아픈 게 익숙지 않을 테니
너의 곁에 있어 줄 수가 없으니

너만은 아프지 마

꿈

나는 꿈이 많다. 많기에
하나하나 이뤄가는 중에

내 오랜 꿈인 디자이너의 꿈을
이뤄내야만 하는 상황이었다

급하게 오기로 이뤄낸 바리스타
먼 줄로만 알았던 유럽여행의 꿈
그다음이 디자이너의 꿈이었다

근데 왜 하필 이런 시기에
그녀가 내 곁에서 고통을 받고, 왜
내 뒷바라지를 해주어야 하는 걸까

그걸 받고만 있는 내가 해본 적 없는
미래에 대한 걱정들을 하고 있었다

결국 그녀가 떠나고 이뤄낸 꿈이
허망하고 공허하기 그지없었다

이딴 허황된 꿈 따위 보다
내가 이뤄내고 싶은 꿈은
작가.
내 이야기를 하는
작가의 꿈이었다

목소리

너는 항상 내 목소리가 좋다고 했었지
나도 네 목소리가 세상에서 제일 좋았어

파리에서 처음 네 이름을 불렀을 때
우연하게 찍힌 그 동영상 속 내 목소리를 듣던 너

잠자리에 누워 잠들려고 할 때면
부르지도 못하는 노래를 불러 달라던 너

내 목소리가 뭐가 좋으냐며 투정 부렸지만
나는 너에게 매일 목소리를 들려주고 싶었지

나는 항상 너를 부르는 게 행복했어
내가 너를 부를 때면 너는 항상 웃고 있었거든

근데 그런 내 목소리를 더 이상 듣고 싶지 않다던
네가 때론 미웠지만 끝내 이해가 되더라

나는 네게 못난 말만 하고 있더라
결국 나는 끝까지 원래의 내 목소리를
잃고 이제 네 목소리조차 들을 수 없어

소란한 가을
장마 / 무덤

장마

작년 이맘때
너를 만나러 가는 날이면
매일 비가 내렸었는데

올해는 비가 거의 오지 않는구나
대신에 네가 싫어하는 더위가
작년보다 심해졌어

너는 이 더위를 잘 견뎌내고 있을까
나는 이 더위보다 차라리 비가 내렸음 좋겠어

비가 와서 조금이라도 열기가 식을 수 있다면
내가 싫어하는 비라도 내리면, 그러면 좋겠어

여름 하늘은 매일이 푸르고 맑은데
아무리 하늘을 올려다봐도

내 눈엔 먹구름이 가득해 보여
내 눈이 잘못된 걸까

아무리 비비고 다시 보아도
내 눈엔 먹구름이 가득해

매일이 비가 와

너랑 같이 맞던 기분 좋은 비가 와

옷

개성이 강한 외투보다는
댄디하고 깔끔한 스타일

찢어지고 스키니한 바지보다는
어디든 잘 어울리는 일자바지

눈에 띄는 프린팅이 된 티셔츠보단
한 가지 색으로 된 셔츠나 스웨터

펑키한 워커나 화려한 운동화보다
누구에게나 사랑받는 스테디셀러

내가 원래 가진 성격의 스타일을
그녀가 바꾸는 게 나는 싫었다

근데 지금 내 옷장엔 단색의 웃옷과 일자바지

신발은 흰색이나 검정색, 무난한 색
외투는 그녀가 골라준 옷들로 채워져있다

그녀와 같이 고른 커플티들이 쌍을 잃고
여전히 여행 다니며 입던 옷은 그대로다

하지만 나는 그녀가 넓혀준 관점의
스타일이 이제는 싫지가 않다

향수

관심도 없고 쓸 줄도 모르는 향수를
그녀의 권유로 덜컥 빈에서 사 왔다

익숙지 않아 데이트 할 때 늘 잊기도 하고
어느새 습관처럼 챙겨서 뿌리기도 한다

그녀는 항상 향기가 좋다고 코를 박고 맡는다
그 모습이 어찌나 귀엽고 사랑스럽던지

나도 너의 향기가 좋아서 같이 코를 박고 맡는다
그 향기가 문득 날 때면 어떤 기억보다 강렬하다

12월 함께했던 여름에 어울리는 페어 향
평소 내가 항상 맡던 매혹적인 프리지아 향
이제는 맡는다면 가슴이 아린 너의 향기

언젠가 너는 내게 말했지
향수를 뿌리지 않는 건
옷을 하나 덜 입은 거라고

널 만날 때면 잘 보이려
항상 챙겨 입던 옷 하나
나는 다시 덜 입는다

물음표

뭐 필요한 거 있어?
뭐 먹고 싶은 거 있어?
뭐 사가지고 갈까?

데리러 갈까?
별일 없었어?
아픈 데는 없어?
오늘은 어땠어?
일은 안 힘들어?

가고 싶은데 있어?
하고 싶은 거 있어?
보고 싶은 거 있어?

우리 쇼핑하러 갈까?
우리 맛나는 거 먹으러 갈까?
우리 오늘은 산책할까?
우리 야식 시켜 먹을까?
우리 또 서울 놀러 갈까?

우리 이제 그만할까?
우리 사랑하긴 했을까?
우리 이제 끝나는 거야?

너는 날 사랑했을까?
나는 널 사랑했을까?

나는 아직도 널 사랑해

취향

나와 비슷한 듯
비슷하지 않았다

그녀가 떠나고
나는 내가 좋아하는 걸
찾아 나섰다

책을 읽기도 하고
그림을 그려도 보고
음악을 들어도 보았다

그러다 문득
그녀는 무얼 좋아했을까
생각해 보는데 생각이 나지 않았다

생각해 내려 했을 때
도저히 생각이 나지 않았는데

일상을 보내다
어느 순간 그녀의 취향이
전부 머릿속에 들어있더라

의식적으로 생각하면 생각도 안 나더니
무의식중에 그녀는 아직도 내 안에
남아있더라

나는 그녀와 닮아 있더라

기록

내 기억력이 의외로 좋지 않다는 걸 아는 나는
그녀와 함께한 순간들을 다양한 방법으로
기록해 놓았다

가장 좋아하는 기록은
그녀가 웃는 모습이나 행복해하는 모습이 담긴
동영상.

그다음 좋아하는 기록은
아름답고 때론 귀여운 그녀가 나온
사진.

그녀와 함께한 순간을 적은
내 일기장.
행복과 아픔이 담겨있다

그리고 그녀와의 카톡 대화 내용.
그녀는 가끔 그걸 혼자 올려 보곤 했다

이제는 혼자가 되어 글을 쓰는 동안
기억을 틀리게 옮기지 않기 위해
들여다본다

어느 날을 보더라도
나는 하루 대화 내용도 전부 보기 힘들다

그녀에게 나는 매번 모진 말들만 하고 있었다
차마 하지 못할 말, 해서는 안 될 말.

그녀는 그런 나를 항상 바라보고
어떻게든 좋은 식으로 이야기하려 애쓰고 있었다

그런 대화 내용을 보며 내가 하는 생각이
고작 후회뿐이라니,
여전히 나는 깊이 없이 미안하다

무딤

어느덧 반 년이 지났다. 그래서
이윽고 내가 무뎌진 줄 알았다
아니었다

나는 무뎌진 적이 없는 것이었다
단지 그렇게 느낀 이유는 내가
모른 채 하고 살았기 때문이다

살기 위해 뭐든 시작했다
내가 좋아하는 걸 최대한 찾아 나섰다

그마저도 무뎌지던 게 오늘인 걸까
또 무기력함이 누운 나를 덮쳐온다

그렇게 다시 무너지려 한다
또 반년 전으로 돌아가려 한다

언제쯤 너 없는 매일이
무뎌져올까

이런 생각들조차 무뎌진다

비포 선라이즈

내가 만약 그날 떠나지 않았다면
너를 만날 수 있었을까. 우연하게
만나 너를 사랑하게 되었던 그날

마치 영화 같은 만남의 시작
영화 보다 더 영화 같은 날들
그런 여행을 함께했던 우리

우리의 결말도 영화와 같다면
이제 겨우 1편의 막을 내린 거라면

만약 내가 이 책을 완성해서
세상에 우리의 이야기가 담긴
책이 나온다면 그땐,
너를 한 번만 더 만날 수 있을까
너에게 난 용서 받을 수 있을까

우리의 끝인사가 비극적인 새드엔딩이 아니라
우리의 마지막이 후속편이 있는 해피엔딩 일 수 있을까
우리가 같이 바라보던 선셋을 다시 바라볼 수 있을까

살갗이 아린 추억

안녕

'나'

유럽 여행의 끝에
나를 찾지 못했다

찾지 못한 채로 나는
그녀와 우리가 되어
돌아왔다

그녀를 만나고 나를 찾을 필요가 없어졌었다
그 대신에 만난 건 또 다른 나였다

나는 의외로 자상하고, 한 사람을 깊게 사랑할 줄 아는
사람이었다

나는 의외로 따뜻했고, 그녀 앞에선 순한 강아지 같은
사람이었다

나를 찾기 위해 떠났던 여행이
그녀를 만나 조금 많이 길어졌지만

그녀는 진정한 모습의 나를 찾아,
내 안에 고이 담아두고 떠나,
그동안 나 땜에 미뤄두었던 자신을 마주하고 있을 것이다

여행의 끝에 나는 결국 나를 찾았고
나를 사랑할 줄 아는 사람이 되어있었다

나를 사랑하는 것은
곧 그녀를 사랑하는 일이었다

내 안에 그녀가 좋아했던 모든 게 들어있고
그것들이 모여 비로소 내가 되었다

그녀가 내게 남긴 것은
끝까지 "사랑"이었다

마지막 약속

망설여졌다
내가 쓸 글 따위를 누군가 본다는 게
이런 걸 누가 좋아해 주기는 할까, 봐주기는 할까

당신은 말했다
내가 글을 써 줄 때가 좋다고
그러니 내가 만든 책이 세상에 나오기를 바란다고

하지만 당신은 떠났다
잘난 것 하나 없으면서 모질게 굴기만 하는 내 곁을.

마지막 대화에서 나는 물었다
내가 정말 책을 내도 되겠냐고

당신은 마지막임에도 망설임 하나 없이
내게 말했다. 너의 꿈을 응원한다고

그날 분명 당신은 두려움 안에 있었다
그런데도 당신은 도대체 얼마나 나를
사랑했기에

당신의 끝인사에서조차
나를 미워함은 없었다

그래서 그 어느 약속 하나 제대로 지키지 못한 나는
마지막 약속을 지키려 한다

미녀와 야수

작은 집에만 갇혀있던 내게
어느 날 그녀가 나타났다

그녀는 신경이 날카롭기만 한 나를
존중과 배려를 가르치며 무뎌지게
만들려 애쓴다 자신이 힘들면서도

조건 없는 사랑까지 주며
노력했지만 나는 무뎌지게
하려고 하면 다시 날카롭고
예민해진다 또 그녀에게 사랑을
받으면서도 아니라고 부정한다

나를 사랑해 줄 사람은 세상에 없을 테니까
눈앞에 놓인 사람의 사랑은 받아들이지 못한 채
믿음을 주고 있는 걸 믿지 못하고 눈을 돌린다

그럼에도 나에게 드넓은 세상과
진정한 나는 찾을 수 있게 해준
그녀는 나에게 새로운 세상이었다

눈동자

당신의 아름다움.

당신의 눈동자에서
그 밝은 갈색의 아름다운 눈동자에서 느껴졌다

당신의 눈동자는 얼핏 보면 얕다
하지만 알면 알수록 깊어져만 갔다

그 매력적인 색의 눈동자
안에 빠져 있노라면
시간은 순식간에 며칠씩 지나있었고
당신 말고는 그 누구도 보이지 않았다

당신의 눈동자에는 온통 내가 있었다
그 아름다운 눈동자에 담긴 나를 볼 때면
나는 세상을 다 가진 것과 같은 행복을 느꼈다
당신 말고는 그 무엇도 필요치 않았다

당신의 눈은 내가 살며 본 그 무엇보다 아름다웠다

양보

기쁜 일이 생기면 나부터
슬픈 일이 생겨도 나부터
맛있는 게 있으면 나부터

좋은 게 생기면 나부터
시간이 생겨도 나부터
추억을 쌓아도 나부터

너는 언제나 내가 먼저였지
그렇게 나도 언제나 네가 먼저였어

우리는 언제나 서로 양보하기 바빴어
그런 양보가 때로는 우리에게 나빴어

너는 언제나 나를 배려하고 존중해 주었고
나는 그러지 못한 탓에 네게 상처만 줬어

그런 양보와 배려가 나는 싫었어
나는 언제나 네가 우선이었거든

서로 양보하고 배려하는 게 아니었던 걸까
모순되게도 나는 그런 너라서 네가 좋았어

고마워

나와 같은 날, 나와 같은 시간에
그곳에 나타나줘서 고마워

나를 받아줘서 고마워
나를 믿어줘서 고마워
나를 지켜줘서 고마워

내 곁에 있어줘서 고마워

내 마음에 너를 담게 해줘서 고마워

너를 내게 보여줘서 고마워
너를 내게 알려줘서 고마워

너의 시간을 나에게 주어서 고마워
나와 추억을 만들어 주어서 고마워

너를 사랑하게 해주어서 고마워
나와 긴 여행을 해주어서 고마워

내 안에 남아주어서 고마워

그 어떤 것보다
"나를 사랑해 주어서, 나에게 사랑을 주어서 고마워"

대화

나는 너와 늘 대화가 하고 싶었다
너는 나와 대화가 필요 없다 했다

우리는 대화가 잘 통했고
서로 대화할 때 느끼는 즐거움에서
우리 사이는 끌렸고
우리 관계는
그렇게 시작되었다

당신도 그랬을까

모순되게도 "우리"는
행복한 대화로 시작되었고
잘못된 대화로 끝이 났다

의미 없이 대화를 하기보단
상대방의 이야기를 들어주는 게
더 중요하다는 걸
당신이 가르쳐 주었다

당신은 그랬다

나의 이야기에 늘 귀 기울였다
당신은 나 같은 사람도 포용할 수 있는
나하곤 다르게 정말 멋있는 사람이었다

눈물

네가 서럽게 울 때
나는 달래주었나

네가 서럽게 울 때
그냥 놓고 갔던 적
그냥 내버려 둔 적

솔직히 나중엔 힘들더라
그런데 이제 와 생각하면

네가 왜 매번 울었는지
지금에서야 생각해 보면

너의 마음을 조금은 알았는지
너의 마음이 조금은 보이는지

사랑하는 사람이 울리는 게
너는 얼마나 서러웠을까

너의 시점으로 울며 나를 바라보니
매정하기만 한 나는 네가 알던 내가
아니었다

너의 눈물을 나는 외면했다
너의 진심을 나는 안아주지 못했다

SIENA

나에게는 그저 스쳐가는
짧은 세 시간의 도시였지만

그때 무언가 느꼈다고
네가 내게 말했었다

네가 그때 느꼈던 감정이
어떤 감정이었는지 나는
정확히 알 수는 없었지만
그 짧은 시간 동안 우리는

고픈 배를 피자와 디저트로 채웠고
서로 다른 취향의 젤라또도 먹었다

너는 문득 물었다
제일 좋아하는 아이스크림 맛이 뭐냐고
평소 한 번도 생각해 본 적이 없어서
바로 답을 주지 못하고 한참을 생각했다

서로 다른 대답을 했고
이번에도 취향은 달랐다

시간이 흘러 어느 날 너와 가끔
아이스크림을 사러 갈 때면
나는 네가 좋아하는 맛을 고르고 있었다

네가 그때 느낀 감정은 그때
내가 느낀 감정과 같단 걸 알았다

희망

내 고정관념 속 희망의 색은 노란빛이었다
어느 날 우연히 하늘을 보며 떠오른 생각.

햇살은 따스히 포근했고
하늘은 온연히 푸르렀다

절망의 어둠 속에서
보이지 않는 길 위를
걸으며 나는 또 생각한다

내가 어떻든 저 햇살은
늘 세상을 비추는구나

몰랐다

어두운 줄만 알았던 내 세상도
햇살을 받아 이미 밝다는 것을

몰랐다

나에게 그런 존재가 늘 곁에 있었다는 걸
그 존재가 나에게 여전히 희망이라는 것을

그날.
나의 고정관념은 무너졌고 새로운 세상이 보였다
네가 보여준 희망의 색은 맑은 하늘빛이었다

사랑

네게 나는 정말
사랑이었을까

이딴 생각들을 떠올렸다
하찮은 생각들을 말이다

자신은 온 힘을 다해
믿음을 주고,
사랑을 주었는데

돌아오는 건
참아내기 힘든
상처들뿐

왜 그럴까, 생각이 들면서도
고유의 이념을 놓지 않고

자신을 잃지 않으려
오롯이 자신으로
나를 대하고 있었다

자신이란 방법으로
나를 사랑하고 있었다

그런 그녀가
자신을 잃기 직전에 놓았다

그렇게 했던 것조차 나를 위한
그녀의 '사랑'이었다

마지막 시

혼자 남은 나에게 다가온 시간에
함께였을 때 써놓은 일기를 보고
그때 느꼈던 감정을, 기억을, 그녀를
떠올리면서 그날과 같은 시간에 써 내려갔다

마땅히 일기가 기록되지 않은 날이라면
역시 같은 시간에 기억해내려 애썼고
다시금 떠올려보고 써 내려갔다

그렇게 쓴 글에 마땅히 그날의 사진이 있다면
찾는 것 자체가 힘들었지만 찾아내었고, 그때
나는 추억에 빠져 은은한 슬픔에 잠기곤 했지만
다시 한번 행복을 떠올려 오히려 좋았다

그렇게 나는 처음의 생각이었던
'새로운 시'에서 드디어 여기.
'마지막 시'까지 오게 되었다

이렇게 마지막을 마무리하려 한다

끝 맺음 말

그녀와 이별하고 내가 책을 만드는 동안의 시간은 아직도 모두 그녀였다.
글을 쓰는 동안 나는 지금 시간으로부터 정확히 2년 전 오늘을 시작으로 두 바퀴나 같은 시간을 지나왔고 그 시간 이전, 나의 과거 시간은 존재하지 않았다. 너를 만나기 이전의 나의 시간은 내가 아니었으니까.
너를 만나 흐른 시간과 지금의 시간만이 나의 시간이다.
그 시간 속에 어느덧 네가 없이도 잘 살 수 있는 정도가 되어가고 있다.
그렇게 생각했는데 여전히 아니었고 글을 쓰며 또 한 번 느껴진다.
나는 아직도 잊을 수 없다. 글을 쓰며 또 한 번 알았다. 잊을 필요가 없다는 것을. 그녀를 잊고 싶다는 생각에만 사로잡혀 있었다. 그럴 필요가 없었다.
나는 아마 처음부터 알고 있었는지도 모른다.
함께했던 모든 시간이 빛나고 있었고 더 이상 아픈 기억은 떠올리지 않으려 한다. 내 생에 다시는 느끼지 못할 행복이래도 나는 상관없다.
지금 당장 세상에서 내가 사라진다고 해도 아쉬움, 미련, 후회 그 무엇 하나 남지 않을 만큼 나는 그녀를 진심으로 사랑한다.

그런 사랑을 했다.

인사

우리였던 저의 이야기를 보고 읽어주셔서 감사드립니다.
앞으로도 평소처럼 하루 끝에 그날 느낀 감정을 쓰고,
사소한 재미를 느끼는 그림을 계속 그려나가겠지만
책을 또 만들고 세상에 낼지는 모르지만 또다시 기회가 생긴다면
언젠가 꼭 한 번 더 저의 여행을 이야기하고 싶습니다.

끝으로 인사드립니다.
진심으로 감사합니다.

항상 사랑해 114편의 지키지 못한 약속

초판 1쇄 발행 2021년 11월 4일

글, 그림 이민재
편집 이민재
디자인 이민재

펴낸이 이민재
펴낸곳 새벽 1시 5분 사이
출판등록 제393-2021-000045호(2021년 10월 5일)
이메일 leo.mj.bleu26@gmail.com

ⓒ 이민재 2021

ISBN 979-11-976183-0-7

이 책의 판권은 지은이와 새벽 1시 5분 사이에 있습니다.
이 책의 내용의 전부 또는 일부를 재사용하려면 반드시 양측의 서면 동의를 받아야 합니다.
책값은 뒤표지에 있습니다.